DEBUT D'UNE SERIE DE DOCUMENTS
EN COULEUR

OBJETS D'ART

COLLECTION DE M. F. WILLEMS

ARTISTE PEINTRE

Vente le Mercredi 21 Décembre 1859

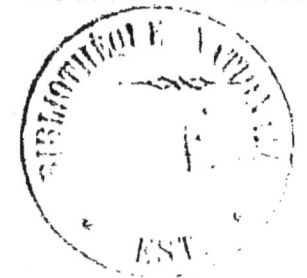

Mᵉ **BOUSSATON**, Commissaire-Priseur.

M. **ROUSSEL**, Expert.

PARIS — IMPRIMERIE DE J. CLAYE
RUE SAINT-BENOIT, 7.

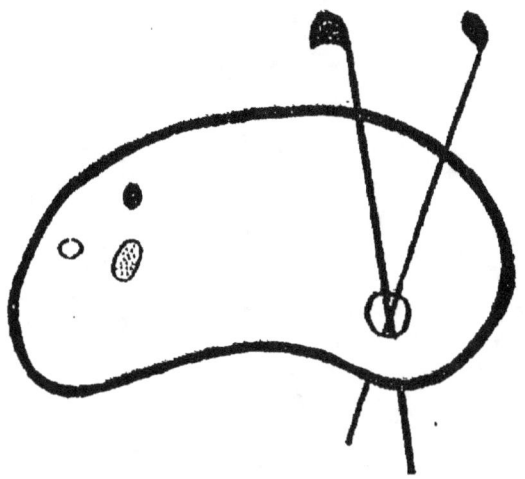

FIN D'UNE SÉRIE DE DOCUMENTS
EN COULEUR

CATALOGUE

DES

OBJETS D'ART

MEUBLES ANCIENS

ÉPOQUES HENRI II ET LOUIS XIII

ARMES ET ARMURES, TAPISSERIES, FAIENCES, VITRAUX

QUELQUES TABLEAUX ANCIENS, ETC.

Composant la Collection de M. F. WILLEMS

ARTISTE PEINTRE

DONT LA VENTE AURA LIEU

HOTEL DROUOT, SALLE N° 4

Le Mercredi 21 Décembre 1859, à deux heures

PAR LE MINISTÈRE DE **M° BOUSSATON**, COMMISSAIRE-PRISEUR
rue des Petites-Écuries, 43
ASSISTÉ DE **M. ROUSSEL**, EXPERT, RUE NEUVE-DE-L'UNIVERSITÉ, 5
Chez lesquels se délivre le Catalogue.

EXPOSITION PUBLIQUE

le Mardi 20 Décembre, de une heure à cinq

—

1859

CONDITIONS DE LA VENTE

Elle sera faite au comptant.

Les adjudicataires paieront cinq pour cent en sus des enchères, applicables aux frais.

DÉSIGNATION

1. Joli meuble à deux corps superposés, surmonté d'un fronton coupé orné d'une statuette. Il ferme à quatre vantaux ornés de bas-reliefs représentant les quatre saisons dans des médaillons ovales entourés de chimères et d'ornements d'une grande finesse d'exécution, dans le style de Jean Goujon ; il est en outre orné de frises et de médaillons sur lesquels sont représentés des sujets mythologiques, et enrichi d'incrustations de marbres fins. L'intérieur de ce beau meuble a conservé sa garniture en étoffe du temps.

2. Belle crédence du temps de Louis XIII, de style flamand. La partie supérieure du meuble faisant retraite ferme à deux vantaux ornés de moulures en bois d'ébène, d'arabesques en marqueterie de bois et de médaillons en nacre de perle, sur lesquels sont gravées les figures allégoriques de la *Prudence* et de la *Fortune*. Les côtés, de même style que les portes, offrent deux médaillons aussi en nacre de perle gravé, représentant la *Justice* et l'*Espérance*. La cor-

niche, ornée de modillons et d'arabesques en incrustations de bois de couleur, porte des inscriptions en langue flamande, elle est supportée par des colonnes en bois d'ébène à chapiteaux corinthiens.

La partie inférieure du meuble, ornée de colonnes cannelées et sculptées, se détachant aux angles, est décorée de compartiments à moulures et de marqueterie de bois, et porte la date de 1615.

<small>Ce meuble est remarquable par l'ordonnance de l'architecture et la richesse de son ensemble.</small>

3. Grande table flamande, à deux rallonges, les pieds sont formés par des balustres ayant la forme de vases, avec entre-jambes ornés de moulures guillochées.

4. Fauteuil en bois sculpté à colonnes torses, époque de Louis XIII.

5. Autre fauteuil en bois sculpté, de style flamand.

6. Grand miroir à biseaux du temps de Louis XIII; le cadre en bois noir est richement décoré d'ornements en cuivre repoussé et découpé à jour.

7. Petit modèle de régulateur du temps de Louis XIII, en marqueterie de bois, avec ornements sculptés.

8. Étagère à trois tablettes supportées par des colonnes à doubles spirales en bois de noyer.

9. Très-bel échiquier en bois d'ébène incrusté d'ivoire, du temps de Louis XIII, orné d'incrustations, d'arabesques et de figures allégoriques, représentant *Richesse* et *Pauvreté*; ces personnages sont en costume du temps, et exécutés avec soin, d'après les dessins de Callot.

Cet objet remarquable est en parfait état de conservation.

10. Petit retable en bois peint, offrant au milieu un bas-relief représentant le Christ au roseau et la Vierge Marie; les volets sont décorés de peintures représentant des saints.

11. Vitrail offrant au centre d'arabesques en partie coloriées, et portant des inscriptions en langue hollandaise, avec la date de 1615, une peinture grisaille représentant un sujet biblique.

Ce vitrail provient de la maison qu'habitaient à Dordrecht les grands pensionnaires de Hollande Jean et Corneille de Witt.

12. Très-grand plat en cuivre repoussé, style gothique, représentant au centre Adam et Ève au paradis terrestre.

13. Seau à eau bénite, en métal de cloche, orné d'arabesques et d'un petit bas-relief, buste de saint.

14. Beau vase formant fontaine ; les anses sont formées par des cariatides de femmes, et la panse est ornée de mascarons. Il est accompagné d'un grand bassin ovale dont les anses se rattachent à des mufles de lion. Travail italien du xviie siècle.

15. Deux grands vases à fleurs en faïence de Nevers, décorés en camaïeu bleu, les anses sont formées par des mascarons à têtes de femmes.

16. Deux vases en faïence italienne, bleu clair, décor en relief émaillé en vert.

17. Cruche en grès de Flandre, décorée de médaillons avec bas-relief représentant des sujets bibliques.

18. Christ en ivoire, sur croix en bois de noyer.

19. Deux petits plats en faïence italienne, décorés d'arabesques sur fond de couleurs variées, avec bustes d'hommes au centre.

20. Sucrier ovale avec couvercle, plateau et cuiller, en faïence ancienne décorée de fleurs et de figures dans le style de Watteau.

21. Corbeille découpée à jour, décor en camaïeu bleu offrant une danse villageoise. Faïence de Delft.

22. Coupe basse en verre de Venise, ornée d'une bordure en émaux de couleur sur fond doré.

23. Grand vase à couvercle en verre de Venise, les deux anses sont ornées de mascarons.

24. Très-belle tapisserie de Flandre, rehaussée d'or et d'argent, représentant un sujet tiré de la vie du Christ, avec riche encadrement de fruits, de fleurs et de chérubins.

> Cette tapisserie est dans un bon état de conservation.
> Hauteur : 2^{m}98°; largeur : 3^{m}40°.

25. Balcon gothique en pierre sculptée, provenant de l'hôtel de ville de Gand.

26. Tapisserie ancienne encadrée représentant le buste de Cicéron, grandeur naturelle.

27. Tapis ancien de Venise bordé de soie jaune sur fond blanc.

ARMES

28. Armure du temps de Henri IV, en fer poli, les cuissards à tassettes, casque à visière et gantelets, le tout orné de clous en cuivre jaune.

29. Petite rondache du temps de Henri II, recouverte en peau de sanglier, et ornements en fer poli.

30. Poignard algérien, fourreau en cuivre gravé dont le bout est recourbé.

31. Grande hallebarde en fer, découpée à jour; la hampe en bois est couverte en velours noir avec clous en cuivre.

32. Très-belle hallebarde en fer gravé avec la double aigle d'Autriche découpée à jour; les ornements et les figures gravés sont dans le style d'Albert Dürer. Cette belle arme a la hampe garnie en velours noir avec clous en cuivre.

33. Petite hallebarde du XVIe siècle, en fer poli; la hampe en bois.

34. Autre hallebarde à peu près semblable, du XVe siècle.

35. Autre hallebarde faisant marteau d'armes.

36. Petite arbalette du temps de Louis XIII, en bois sculpté, avec incrustation en ivoire.

37. Grande arbalète avec son cranequin, en bois sculpté.

38. Carabine à rouet, monture en bois sculpté avec incrustation en nacre de perle, batterie en fer gravé.

39. Pistolet à rouet, avec riches incrustations d'arabesques en fer gravé et découpé. Cette belle pièce est de Lazarino Cominazzo.

40. Paire de pistolets, avec batteries ciselées et gravées, ornements en cuivre de Gio Batta Juoni Courago.

41. Poire à poudre du temps de Henri IV, en corne sculptée, avec garniture en fer.

42. Poire à poudre en bois, avec garniture en fer, découpée et gravée.

43. Dague dite de Miséricorde, en fer, avec partie dorée, époque de Charles IX.

44. Beau casque saxon, en fer, décoré de bandes d'arabesques gravées et dorées sur fond noir, avec mascarons à mufle de lion en cuivre.

45. Cuirasse (le devant et le dos) en fer du siècle de Louis XIV.

46. Très-belle épée espagnole à lame de Tolède. La garde à panier est richement ciselée et repercée à jour. Très-bonne conservation.

47. Autre épée espagnole. Belle lame et garde découpée à jour, avec enroulement en fer.

48. Épée allemande, garde et poignet en fer.

49. Autre épée à peu près semblable.

50. Épée allemande, avec garde découpée à jour.

51. Épée à lame triangulaire, garde en fer et pommeau cannelé.

52. Petite épée de même genre et époque.

53. Épée du temps de Louis XVI, avec garde et pommeau en fer damasquinés d'or très-richement.

54. Main gauche (dague), dont le pommeau et la garde sont incrustés d'ornements en argent, époque de Henri II.

55. Petite épée Louis XV, dite de Chevet, avec garde et pommeau en fer incrustés d'ornements en argent ; la lame est couverte d'ornements gravés.

TABLEAUX

56. CHARDIN.......... Portrait de femme, costume du temps de Louis XVI.

57. LARGILLIERE...... Portrait de la comtesse Saint-Hurien.

58. SALVATOR ROSA... L'entrée au couvent.

59. SALVATOR ROSA... La sortie du couvent.

60. PETRUS BOEL...... Perroquet et fleurs.

61. MICHEL........... Paysage.

62. ÉCOLE FLAMANDE. Portrait d'un enfant en costume de l'époque de Louis XIII.

63. C. ROQUEPLAN..... Dessin aux deux crayons, représentant la fontaine des figuiers; souvenir des Pyrénées.

64. MIGNARD.......... Portrait d'un maréchal de France.

65. F. WILLEMS....... La visite, esquisse d'après Terburg.

66. Beau groupe en bronze représentant *Laocoon et ses fils*; socle en marqueterie.

67. Une statuette de la Vénus au dauphin; bronze italien du xvie siècle.

68. Une statuette en bois de buis représentant la femme d'un électeur de Saxe ; travail du xvie siècle.

69. Deux petites statuettes d'enfant en bronze italien.

70. Une cruche en grès de Flandre, ornements en relief, émaillée de bleu et violet, garnie en étain.

71. Un vase forme de tortue, en bois laqué de Chine.

72. Un vase forme bouteille, en céladon craquelé avec bordures d'ornements à feuillage et anse à tête de chimère émaillé en brun.

73. Deux vases à bouquets en porcelaine de Chine, décorés de fleurs et d'ornements en relief, avec médaillons à paysage camaïeu jaune.

74. Deux très-jolis vases de forme aplatie, fond vert chagriné, décorés de branches de fleurs, et écureuil en relief, médaillons à sujet de mandarins.

75. Un tapis de l'Inde, en velours rouge, richement brodé en fin.

76. Une épée suisse à deux mains du xvie siècle.

77. Neuf épées du temps de Henri IV et de Louis XIII, en fer forgé.

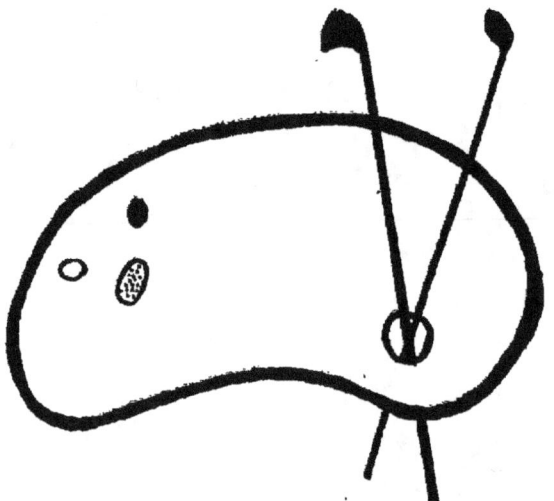

ORIGINAL EN COULEUR
NF Z 43-120-8

www.ingramcontent.com/pod-product-compliance
Lightning Source LLC
Chambersburg PA
CBHW030112230526
45471CB00003B/1390